# Notizen für Gamer

*Notizbuch mit kuriosen Zeilen und einem lustigen Nerd für Spiele auf jeder Seite*

Kurt Heppke

Bibliografische Information der Deutschen Nationalbibliothek:
Die Deutsche Nationalbibliothek verzeichnet diese Publikation in der
Deutschen Nationalbibliografie; detaillierte bibliografische Daten sind im
Internet über http://dnb.dnb.de abrufbar.

Herstellung und Verlag: BoD – Books on Demand, Norderstedt

ISBN: 978-3-7562-0661-2

Dieses Buch gehört

# Mehr von mir können Sie hier finden:
## https://www.kurtheppke.com/

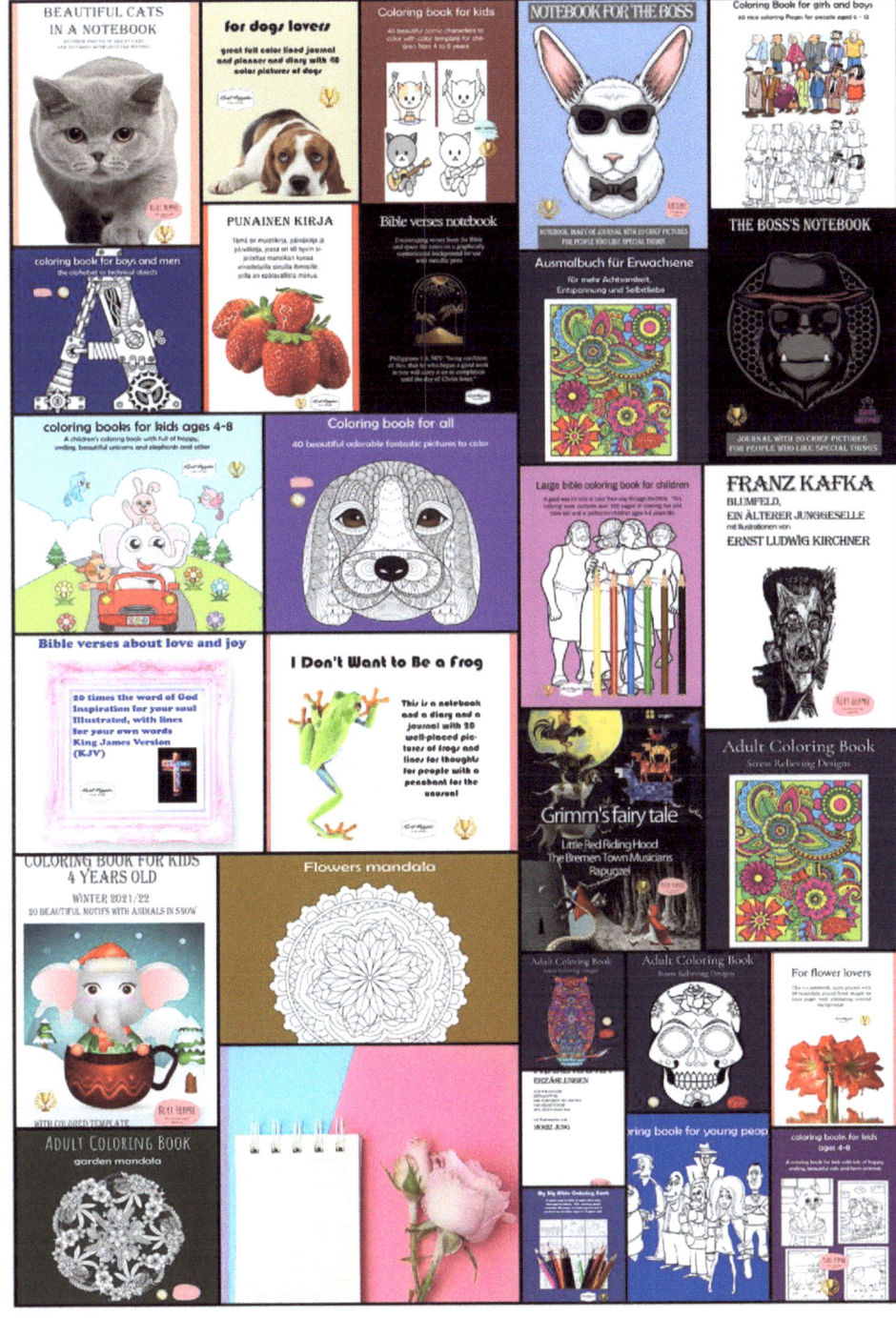